まちごとインド

West India 024 Bhuj
ブジ（カッチ地方）
カッチ地方とつむがれる「伝統」

Asia City Guide Production

【白地図】グジャラート州

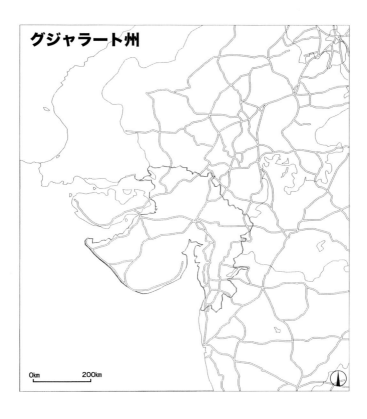

【白地図】カッチ地方

INDIA
西インド

カッチ地方

Bhuj 白地図

【白地図】ブジ

INDIA
西インド

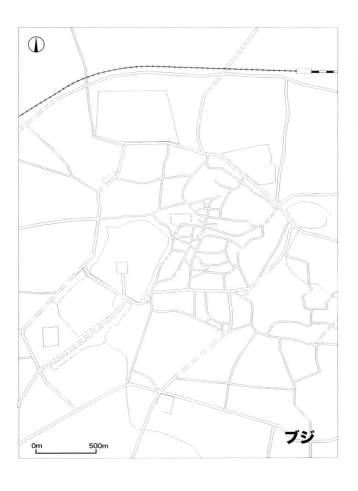

【白地図】ブジ中心部

INDIA
西インド

【白地図】ブジ郊外

INDIA
西インド

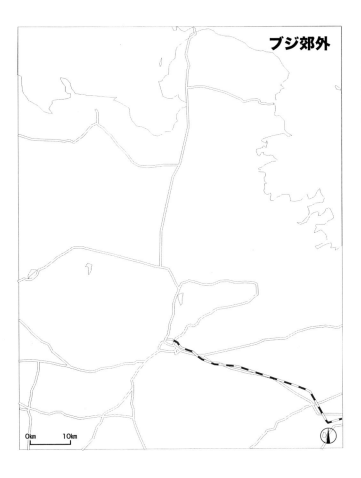

【まちごとインド】
西インド 011 はじめてのマハラシュトラ
西インド 012 ムンバイ
西インド 013 プネー
西インド 014 アウランガバード
西インド 015 エローラ
西インド 016 アジャンタ
西インド 021 はじめてのグジャラート
西インド 022 アーメダバード
西インド 023 ヴァドダラー(チャンパネール)
西インド 024 ブジ(カッチ地方)

INDIA
西インド

　パキスタンへと続く西インドの果てに位置するカッチ地方。雨季にはインドから切り離されて島状となるこの地方の主都がブジで、街の中心には16世紀から20世紀まで君臨したマハラジャの宮殿跡が見られる。

　カッチ地方にはインダス文明遺跡が残るなど、文化、歴史ともに隣国のシンド地方との関わりや影響が強かった。1549年、シンド地方を出自とするラージプート族のラオヘンガルジ1世によってブジに王国の首都が定められ、以来、この街がカッチ地方の中心都市となっている。

Bhuj
ブジ

　活断層が走るカッチ地方の地理条件から、いくどとなく地震の被害をこうむり、そのたびにブジの街は復興してきた。また周囲から孤立しているため、少数民族が多く暮らし、カッチワークとして知られる独特の工芸品の伝統が残っている。

【まちごとインド】
西インド 024 ブジ（カッチ地方）

INDIA
西インド

目次

ブジ（カッチ地方）	xii
インド最果ての民俗模様	xviii
ブジ城市案内	xxv
カッチの刺繍染織手工芸	xxxix
ブジ郊外城市案内	xliii
カッチ少数民族の世界	liv

【MEMO】

Bhuj ブジ（カッチ地方）

【地図】グジャラート州

INDIA
西インド

インド
最果ての
民俗模様

INDIA
西インド

パキスタンにほど近いカッチ地方
雨季には冠水しインドから切り離される
この地で独特の文化と工芸品が育まれてきた

カッチ地方とは

カッチ地方にはパキスタン南部にまたがる東西250km、南北150kmの塩性の湿地帯が続いている。このカッチ湿原はもともと海だったが、インダス川の土砂による堆積で平野がつくられ、アラビア海への入口が閉ざされたことで湿地帯になった。これらの湿地帯はほとんど標高がなく高潮や雨季のときには海となり、乾季には塩の結晶が浮かびあがる（雨季にはフラミンゴやペリカンなど水鳥が見られる）。1947年の印パ分離独立までは自由に交易が行なわれ、この地方の文化はグジャラートよりもパキスタンのシンド地方に近いと言われる。

▲左　ブロック・プリントで使う木製の型。　▲右　雨季と乾季で異なる表情を見せるカッチの大地

豊かな手工芸品の伝統

塩性の湿地帯が続くカッチ地方では、古くから農業よりも織物や工芸品がさかんで、それらは各地の農村の伝統産業となってきた。絹や綿などの織物、木彫り、木版画などで手工業は各農村や少数民族のあいだで世襲され、カッチワークの名前で呼ばれている。とくに女性の衣装には小さな鏡と刺繍をほどこした美しいミラーワークが見られ、この地方の女性たちは手工芸に従事している。

INDIA
西インド

▲左　鮮やかな衣装を身にまとった女性たち。　▲右　職人の伝統が息づく、ブジ近郊の村にて

カッチ地方に生きる少数民族

シンド地方やラジャスタンなどさまざまな地域から移住してきた人々をはじめ、カッチ地方にはいくつもの少数民族が暮らしている（またヒンドゥー教徒とイスラム教徒が共存している）。ブジ近郊に点在するそれら少数民族の村では、伝統的な生活が見られるほか、牧畜を営む人も多い。ラバリ族、ムトゥワ族、メグワル族、アヒール族など各民族は、それぞれの民族ごとに特徴ある鮮やかな民族衣装をまとっている。

【MEMO】

【地図】カッチ地方

【地図】カッチ地方の [★★★]
- [ ] ブジ Bhuj

【地図】カッチ地方の [★★☆]
- [ ] バンニ Banni

【地図】カッチ地方の [★☆☆]
- [ ] カッチ大湿原 Great Rann of Kutch
- [ ] ドーラビーラ Dholavira
- [ ] マンドゥヴィ Mandavi
- [ ] ムンドラ Mundra

Guide, Bhuj
ブジ城市案内

16 世紀以来、ブジを統治したマハラジャ
街の中心にはその宮殿が美しい姿を見せる
多様な民族が生きるカッチの中心都市

プラグ・マハル Prag Mahal　[★★☆]

街の中心に位置する宮殿跡プラグ・マハル。1947 年にインドが独立するまでここでカッチ地方をおさめる王が暮らしていた。16 世紀、ヒンドゥー王家を中心として国がつくられ、1834 年にイギリスと条約を結んでその保護国となった（イギリス植民地下のインドにあって最大規模の藩王国だった）。彫刻で彩られた窓枠など美しいたたずまいを見せ、カッチ地方の工芸技術の高さを感じられる。

【地図】ブジ

【地図】ブジの [★★☆]
- [ ] プラグ・マハル Prag Mahal
- [ ] スワミナラヤン寺院 Shree Swaminarayan Mandir

【地図】ブジの [★☆☆]
- [ ] シラフ・バザール Shraf Bazar
- [ ] ハミルサール湖 Hamirsar Lake
- [ ] カッチ博物館 Kutch Museum

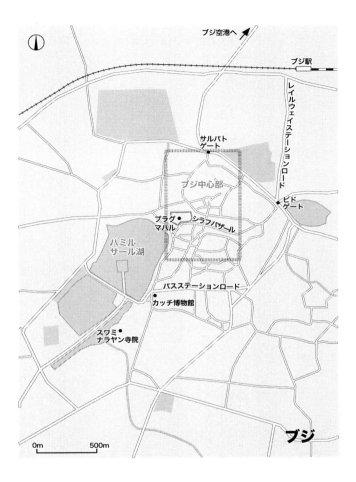

【地図】ブジ中心部

【地図】ブジ中心部の [★★☆]
- [ ] プラグ・マハル Prag Mahal
- [ ] アイナ・マハル Aina Mahal

【地図】ブジ中心部の [★☆☆]
- [ ] シラフ・バザール Shraf Bazar

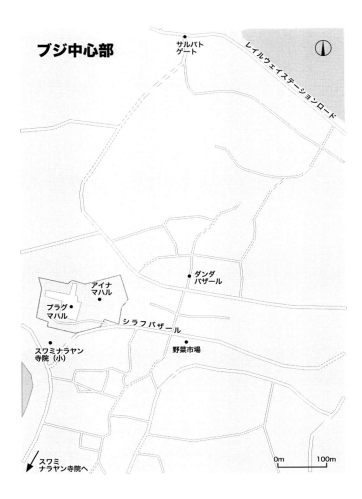

INDIA
西インド

政治的に独立した地

8世紀ごろにはカッチ地方を統治したラージプート系の王朝の存在が認められる。15世紀のグジャラート王国、17世紀のムガル帝国の支配を受けることもあったが、この地方は歴史的にインド中央部の政治的影響がおよぶことが少なかった（中世イスラム系のデリー・サルタナット朝の勢力下には入らず、多くのヒンドゥー教徒がブジに移住した）。

▲左　ブジの中心に立つ宮殿、かつて王がカッチを支配した。　▲右　そびえるプラグ・マハルの時計塔

アイナ・マハル Aina Mahal ［★★☆］

プラグ・マハルのそばに立つアイナ・マハル（「鏡の宮殿」を意味する）。マハラオ・ラフパテュジが統治する 1752 年に建てられ、地震で破壊されながらも改修されて現在にいたる。なかは博物館となっていて、工芸品や絵画はじめ、ブジのマハラジャの生活をしのぶ展示が見られる。

カッチ地方とシンド地方

カッチで暮らす人々のあいだでは、隣国パキスタンのシンド地方から移住してきた人が多く、これまでグジャラートより

INDIA
西インド

も西のシンドと強い関わりをもってきた。街では公的にはグジャラート語が話されるが、家庭で使われるカッチ語はシンド語により近いという。またカッチ地方の工芸品や民族衣装もシンド地方との共通性が見いだせる（シンド人は土着のラージプート、この地方に侵入してきたアラブやイラン系の人々が混血して形成された）。

シラフ・バザール Shraf Bazar ［★☆☆］
プラグ・マハルから東に続くシラフ・バザール。ブジでもっともにぎわいを見せるところで、細い路地の両脇に露店が続

▲左　アイナ・マハルに貼ってあったポスター。　▲右　シラフ・バザールのにぎわい

いている（野菜市場もある）。

城壁 City Wall ［★☆☆］

ブジの街は、1548年にラオ・ケンガルジー1世によって整備され、以後、周囲を城壁でめぐらせた城塞都市となってきた（敵対する勢力の侵入をふせいだ）。城壁は18世紀につくられたもので、高さ10m、周囲に5つの門がおかれていた。その多くが撤去されたものの、現在も北側に城壁が残っている。

INDIA
西インド

ハミルサール湖 Hamirsar Lake ［★☆☆］
プラグ・マハルの南西、旧市街の一角に広がる巨大なハミルサール湖。ブジの貯水池の役割を果たしているほか、人々の憩いの場となっている。

スワミナラヤン寺院
Shree Swaminarayan Mandir ［★★☆］
グジャラートを中心に布教活動を行なったヒンドゥー聖者のバグワン・スワミナラヤン（1781～1830年）。ブジはスワミナラヤンが自身の教えを広めるために寺院をつくった6つ

▲左　旧市街北部に残る城壁。　▲右　薪を頭に載せて運ぶ女性

の街のひとつで、ハミルサール湖のほとりに立つ現在の寺院は2010年に完成した。7本のシカラ、中央の大ドームとその周囲の小ドームを上部に載せる様式で、寺院内部にはクリシュナ神がまつられている。

カッチ博物館 Kutch Museum ［★☆☆］

グジャラート地方でもっとも古い歴史をもつカッチ博物館。1877年にマハラオ・ヘンガルジによって建てられた。カッチ地方の手工芸品が収集され、その展示が見られる。

民俗博物館 Folk Museum ［★☆☆］

カッチ地方に伝わる刺繍や木細工、絵画などがならぶ民俗博物館。この地方独特の住居に関する展示もある。

カッチとイスラム教

カッチ地方の西に広がるシンド地方（パキスタン）は、南アジアでもっともはやくにイスラム化したことで知られる。712年、アラブの遠征軍をひきいたムハンマド・ビン・カーシムの遠征目的は、シンド地方からカッチ地方にかけて商人への略奪を繰り返す海賊を討伐することだったという。この

Bhuj ブジ城市案内

ときシンド地方はイスラム勢力の支配下に入ったが、カッチ地方にはイスラム勢力の影響が届かなかった。その後、11世紀に中央アジアからインドに侵入したガズナ朝の遠征目的はカッチの対岸のソームナートの財宝であったことからも、この地はイスラム勢力にとってまず攻撃目標となる場所となっていた。

カッチの
刺繍染織
手工芸

単調な景色が続くカッチ地方
人々は身のまわりを鮮やかに飾り立て
豊かな手工芸の伝統が育まれてきた

受け継がれてきた染織の技術

カッチ地方には、ヒンドゥー教徒、イスラム教徒問わず、布を染めて織る染織の伝統が息づいている。こうした染織には下絵を描く職人、染色の職人など複数の職人がたずさわり、鉄のさびを利用した黄色、植物の藍から出した青色など、天然の顔料が今でも使われている。ちょうどインドと西方の文化が交わる地点に位置するカッチ地方では、女性のサリーや男性のドーティーのようなインドの巻衣と、中央アジアからもたらされた縫製衣装が交わりながら、豊かな布や糸の文化が育まれてきた。

INDIA
西インド

美しい女性のファッション

カッチワークの名でも知られるように、刺繍やミラーワークで彩られたあざやかな衣装を身にまとった人々を目にすることができるカッチ地方。カッチ地方の女性は長いスカート、前掛けのような上着、頭からかぶるショールという伝統的な衣装を着ていて、それらは黒地に赤色の絞り文様（しぼって染色し、広げると文様ができる）、また幾何学文様の刺繍などで彩られている。ほかにも女性はメヘンディという文様を手足にほどこし、鼻のピアス、イヤリング、ネックレスなどで身を飾り立てる。

▲左 木の樹脂を使って文様を描くローガン・アート。 ▲右 手と足を器用に使ってものづくりをする木工

さまざまな手工芸品

農具や牛につける鐘をつくる鍛冶屋、雑貨や家具などをつくる木工、テラコッタや花瓶をつくる陶工など、カッチ地方では手工芸職人の姿が見られる。こうした職人は、ブジなどの都市部では集住して暮らし、集落ではそれぞれ自身のもつ技術でサービスを提供する。カッチ地方の手工芸職人の豊富さはインド有数で、金銀細工やビーズ細工、木版画などでも知られる。

Guide, Around Bhuj
ブジ郊外城市案内

ブジ郊外の村々では
多様な少数民族が暮らしている
カッチ地方に生きる人々に触れる旅

ブジョーディー Bhujodi ［★☆☆］

ブジから南東8kmに位置する村ブジョーディー。家族が協力して織る織物の有名なところで、綿や絹織物をあつかう店や工房が見られる。

マンドゥヴィ Mandavi ［★☆☆］

ブジから60km南のアラビア海にのぞむ港町マンドゥヴィ。カッチ地方を代表する港町で、16〜19世紀ごろ海上交易によって栄えていた。この港で陸揚げされる品々や税はブジの宮廷の貴重な収入源となっていた。

INDIA
西インド

▲左　壁のうえにおかれた工芸品、カッチワークが光る。　▲右　家族で織物に従事する、ブジョーディーにて

カッチ商人

アラビア海にのぞむ地理や雨季には水没するカッチ湿地の条件から、カッチ地方の人々は古くから陸上交易よりも海上交易に活路を見出してきた。カッチ地方では11〜14世紀に交易拠点だったパドレシュワルはじめ、アラビア海に続くマンドゥヴィ、ムンドラなどの港街が知られていた。とくに19世紀になるとデリーとムンバイ、カラチ、東アフリカを結ぶ位置からカッチ商人はアラビア海をまたにかけて活躍するようになった。

【MEMO】

【地図】ブジ郊外

【地図】ブジ郊外の [★★☆]
- [ ] バンニ Banni

【地図】ブジ郊外の [★☆☆]
- [ ] ブジョーディー Bhujodi
- [ ] カッチ大湿原 Great Rann of Kutch

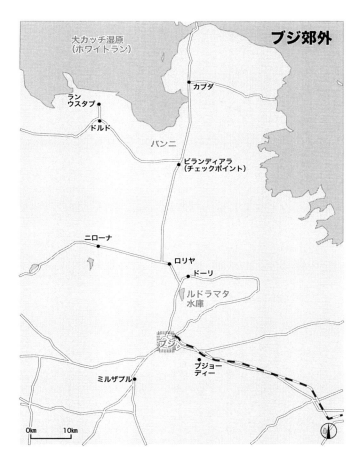

INDIA
西インド

ムンドラ Mundra［★☆☆］

ペルシャ湾へ続くブジの外港で、現在、特別経済区がおかれているムンドラ（Mundra Special Economic Zone）。ここからアーメダバードへ続く鉄道路線が伸び、民間主導のインフラ整備が進められている。またムンドラ港の東50kmにカンドラ港も位置する。

バンニ Banni［★★☆］

パキスタンとの国境地帯に広がるカッチ地方北部のバンニ。海と陸地が交わる湿地帯に近く、渡り鳥やインドオオノガン

▲左　刺繍にいそしむ女性、ブジ近郊の農村にて。　▲右　市場で品定めをする女性たち

などの希少動物も生息する。こうした自然のなかで少数民族の集落が点在し、藁葺き屋根をもった円型家屋も見られる。

カッチ大湿原 Great Rann of Kutch ［★☆☆］

インドとパキスタンの国境地帯に広がるカッチ大湿原。東西250km、南北150kmの広さをもち、雨季はアラビア海とつながって冠水するが、乾季になると干上がる。干上がった大湿原では真っ白な塩が浮かび、その光景からホワイト・ランと呼ばれている（ランとは「塩の沼」のこと）。

▲左　壁面に描かれた絵、孔雀は幸運を象徴する。　▲右　藁葺き屋根の円型家屋内部

ドーラビーラ Dholavira［★☆☆］

パキスタンとの国境までわずか50kmのカーディル島に位置するインダス文明遺跡ドーラビーラ（「白い井戸」という意味）。モヘンジョ・ダロやハラッパに準ずる規模を誇り、東方のロータル、北西のモヘンジョ・ダロなどと結ぶ港湾都市だったと考えられている。紀元前3000年ごろから前1500年ごろまで栄え、周囲3kmの城壁のなかに市街地、城塞などがおかれ、貯水槽、井戸、沐浴場が整備されていた（当時、ドーラビーラの周囲には浅い海が広がっていたという）。

INDIA
西インド

インダス文明

メソポタミア文明、エジプト文明、黄河文明とならぶ四大文明のひとつインダス文明。インダス川と現在はかれてしまったガッガル・ハークラー川の流域に紀元前2500〜前1500年ごろの遺跡群が点在する。この文明の最大の特徴は、パンジャーブ、シンド(パキスタン)、ラジャスタン、グジャラート(インド)という東西1600km、南北1400kmの広大な地域に遺構が分布することで、それらのあいだでは河川の交通網を使った交易ネットワークが存在していた。

カッチ 少数民族 の世界

INDIA
西インド

ターバンを巻いた男性や
ショールをまとった女性
いくつもの少数民族がこの地に生きる

ラバリ族

ラバリ族はカッチ地方の代表的な少数民族で、アラビア半島から中央アジア、ラジャスタンをへて、14世紀にカッチ地方にたどりついたと言われる。ラバリ族の男性はターバンを巻き、また女性はショールや鮮やかな衣装を身にまとっている。ラバリという名前は、「外に住む（ラハバーリー）」に由来するという。

▲左　牛を放牧する男性、こちらを凝視する。　▲右　果実を売るラバリ族

バハルワード族

バハルワード族は、クリシュナ神ゆかりのブリンダーバン近くから移り住んできたとされ、クリシュナ神の子孫を自称する。男性は白のターバンに白いゆったりとした衣装をしていて、ラバリ族に比較的近い文化をもつと言われる。

ガラシア族

グジャラートに分布する少数民族ビール系の少数民族ガラシア族。女性は刺繍やミラーワークがほどこされた前掛けのような独特の衣装を着ている。

INDIA
西インド

▲左　美しい刺繍が見える、さまざまな人々と出合う。　▲右　バハルワード族が暮らす村にて、ターバンが印象的

メガワル族

ラジャスタンからカッチへ移り住んできたメガワル族。美しい刺繍や工芸技術をもち、女性は鮮やかな衣装をまとっている。ハリジャン（神の子）という呼称は、ガンジーによってメガワル族へつけられた。

Bhuj インド洋を繋ぐ交易都市

参考文献

『シルクロード学研究 30』（シルクロード学研究センター編 /
シルクロード学研究センター）

『インドグジャラート州カッチ地方の民族服』

『インドグジャラート州カッチ地方のミラーワーク』（橋本康子
/ 大阪人間科学大学紀要）

『布がつくる社会関係』（金谷美和 / 思文閣出版）

『吉なる布の文様：インド、カッチ地方の絞り染め』（金谷美和
/ 民族芸術）

『アラビア海域におけるグジャラート商人と物資の移動』（小西
正捷 / 自然と文化そしてことば）

『KUTCH』（P.J.Jethi/ Aina Mahal）

『世界大百科事典』（平凡社）

まちごとパブリッシングの旅行ガイド

Machigoto INDIA , Machigoto ASIA , Machigoto CHINA

【北インド - まちごとインド】

001 はじめての北インド
002 はじめてのデリー
003 オールド・デリー
004 ニュー・デリー
005 南デリー
012 アーグラ
013 ファテープル・シークリー
014 バラナシ
015 サールナート
022 カージュラホ
032 アムリトサル

【西インド - まちごとインド】

001 はじめてのラジャスタン
002 ジャイプル
003 ジョードプル
004 ジャイサルメール
005 ウダイプル
006 アジメール（プシュカル）
007 ビカネール
008 シェカワティ
011 はじめてのマハラシュトラ
012 ムンバイ
013 プネー
014 アウランガバード
015 エローラ
016 アジャンタ
021 はじめてのグジャラート
022 アーメダバード
023 ヴァドダラー（チャンパネール）

024 ブジ（カッチ地方）

【東インド - まちごとインド】

002 コルカタ
012 ブッダガヤ

【南インド - まちごとインド】

001 はじめてのタミルナードゥ
002 チェンナイ
003 カーンチプラム
004 マハーバリプラム
005 タンジャヴール
006 クンバコナムとカーヴェリー・デルタ
007 ティルチラパッリ
008 マドゥライ
009 ラーメシュワラム
010 カニャークマリ
021 はじめてのケーララ
022 ティルヴァナンタプラム
023 バックウォーター（コッラム〜アラップーザ）
024 コーチ（コーチン）
025 トリシュール

【ネパール - まちごとアジア】

001 はじめてのカトマンズ
002 カトマンズ
003 スワヤンブナート

004 パタン
005 バクタプル
006 ポカラ
007 ルンビニ
008 チトワン国立公園

【バングラデシュ - まちごとアジア】

001 はじめてのバングラデシュ
002 ダッカ
003 バゲルハット（クルナ）
004 シュンドルボン
005 プティア
006 モハスタン（ボグラ）
007 パハルプール

【パキスタン - まちごとアジア】

002 フンザ
003 ギルギット（KKH）
004 ラホール
005 ハラッパ
006 ムルタン

【イラン - まちごとアジア】

001 はじめてのイラン
002 テヘラン
003 イスファハン
004 シーラーズ
005 ペルセポリス
006 パサルガダエ（ナグシェ・ロスタム）
007 ヤズド
008 チョガ・ザンビル（アフヴァーズ）
009 タブリーズ

010 アルダビール

【北京 - まちごとチャイナ】

001 はじめての北京
002 故宮（天安門広場）
003 胡同と旧皇城
004 天壇と旧崇文区
005 瑠璃廠と旧宣武区
006 王府井と市街東部
007 北京動物園と市街西部
008 頤和園と西山
009 盧溝橋と周口店
010 万里の長城と明十三陵

【天津 - まちごとチャイナ】

001 はじめての天津
002 天津市街
003 浜海新区と市街南部
004 薊県と清東陵

【上海 - まちごとチャイナ】

001 はじめての上海
002 浦東新区
003 外灘と南京東路
004 淮海路と市街西部
005 虹口と市街北部
006 上海郊外（龍華・七宝・松江・嘉定）
007 水郷地帯（朱家角・周荘・同里・甪直）

【河北省 - まちごとチャイナ】

001 はじめての河北省
002 石家荘
003 秦皇島
004 承徳
005 張家口
006 保定
007 邯鄲

【江蘇省 - まちごとチャイナ】

001 はじめての江蘇省
002 はじめての蘇州
003 蘇州旧城
004 蘇州郊外と開発区
005 無錫
006 揚州
007 鎮江
008 はじめての南京
009 南京旧城
010 南京紫金山と下関
011 雨花台と南京郊外・開発区
012 徐州

【浙江省 - まちごとチャイナ】

001 はじめての浙江省
002 はじめての杭州
003 西湖と山林杭州
004 杭州旧城と開発区
005 紹興
006 はじめての寧波
007 寧波旧城
008 寧波郊外と開発区
009 普陀山

010 天台山
011 温州

【福建省 - まちごとチャイナ】

001 はじめての福建省
002 はじめての福州
003 福州旧城
004 福州郊外と開発区
005 武夷山
006 泉州
007 厦門
008 客家土楼

【広東省 - まちごとチャイナ】

001 はじめての広東省
002 はじめての広州
003 広州古城
004 天河と広州郊外
005 深圳（深セン）
006 東莞
007 開平（江門）
008 韶関
009 はじめての潮汕
010 潮州
011 汕頭

【遼寧省 - まちごとチャイナ】

001 はじめての遼寧省
002 はじめての大連
003 大連市街
004 旅順
005 金州新区

006 はじめての瀋陽
007 瀋陽故宮と旧市街
008 瀋陽駅と市街地
009 北陵と瀋陽郊外
010 撫順

【重慶 - まちごとチャイナ】

001 はじめての重慶
002 重慶市街
003 三峡下り（重慶～宜昌）
004 大足

【香港 - まちごとチャイナ】

001 はじめての香港
002 中環と香港島北岸
003 上環と香港島南岸
004 尖沙咀と九龍市街
005 九龍城と九龍郊外
006 新界
007 ランタオ島と島嶼部

【マカオ - まちごとチャイナ】

001 はじめてのマカオ
002 セナド広場とマカオ中心部
003 媽閣廟とマカオ半島南部
004 東望洋山とマカオ半島北部
005 新口岸とタイパ・コロアン

【Juo-Mujin （電子書籍のみ）】

Juo-Mujin 香港縦横無尽

Juo-Mujin 北京縦横無尽
Juo-Mujin 上海縦横無尽

【自力旅游中国 Tabisuru CHINA】

001 バスに揺られて「自力で長城」
002 バスに揺られて「自力で石家荘」
003 バスに揺られて「自力で承徳」
004 船に揺られて「自力で普陀山」
005 バスに揺られて「自力で天台山」
006 バスに揺られて「自力で秦皇島」
007 バスに揺られて「自力で張家口」
008 バスに揺られて「自力で邯鄲」
009 バスに揺られて「自力で保定」
010 バスに揺られて「自力で清東陵」
011 バスに揺られて「自力で潮州」
012 バスに揺られて「自力で汕頭」
013 バスに揺られて「自力で温州」

【車輪はつばさ】
南インドのアイ
ラヴァテシュワラ
寺院には建築本体
に車輪がついていて
寺院に乗った神さまが
人びとの想いを運ぶと言います。

・本書はオンデマンド印刷で作成されています。
・本書の内容に関するご意見、お問い合わせは、発行元の
　まちごとパブリッシング info@machigotopub.com までお願いします。

まちごとインド
西インド024ブジ（カッチ地方）
〜カッチ地方とつむがれる「伝統」［モノクロノートブック版］

Digital Publishing

2017年11月14日　発行

著　者	「アジア城市（まち）案内」制作委員会
発行者	赤松　耕次
発行所	まちごとパブリッシング株式会社
	〒181-0013　東京都三鷹市下連雀4-4-36
	URL http://www.machigotopub.com/
発売元	株式会社デジタルパブリッシングサービス
	〒162-0812　東京都新宿区西五軒町11-13
	清水ビル3F
印刷・製本	株式会社デジタルパブリッシングサービス
	URL http://www.d-pub.co.jp/

MP031

ISBN978-4-86143-165-4 C0326　　　Printed in Japan
本書の無断複製複写（コピー）は、著作権法上での例外を除き、禁じられています。